# CÓMO GESTIONAR LA OFICINA COMO UN JEFE PROFESIONAL

# Contenido

## introducción

El puesto de gerente de oficina está cambiando. Para mí no hay duda. Antes del inicio de la epidemia de coronavirus, el rol comenzó a cambiar. Sin embargo, la posición del administrador de la oficina cambia cuando regresa a un lugar de trabajo real o virtual.

Los gerentes de oficina ya no son responsables de comprar suministros de oficina, reparar impresoras rotas o asegurarse de que los empleados laven los platos después del almuerzo. Actualmente, son esenciales para la satisfacción, seguridad, retención y más de los empleados.

Este ensayo examina las cualidades, habilidades y recursos necesarios para que un excelente gerente de oficina tenga éxito en su trabajo este año y en el futuro.

La capacidad de administrar un cubículo es esencial, ya que puede ayudar a crear un ambiente de trabajo productivo y agradable para sus empleados y encaminarlos hacia el éxito. El uso de estrategias de administración sólidas puede ayudarlo a mejorar el espacio de su oficina y aumentar el éxito de su negocio, ya sea organizando su lugar de trabajo o ayudando a desarrollar y capacitar los talentos de los miembros de su equipo . Este ensayo explica el valor de la gestión eficaz de la oficina y le ofrece una lista de consejos prácticos.

Como gerente de oficina, a menudo tiene la tarea de asegurarse de que todo funcione de la mejor manera posible. Pero administrar una oficina de manera efectiva a veces puede ser un poco difícil cuando agrega un grupo de personas con diferentes personalidades, diferentes materiales de escritorio y software, y una gran cantidad de distracciones. Sin embargo, no deberías prohibir todo esto. De hecho, ¡esto debería servir como inspiración para mantener un lugar de trabajo limpio!

Administrar una oficina implica hacer malabarismos con una variedad de responsabilidades. Los gerentes de lugar de trabajo mantienen el lugar de trabajo funcionando sin problemas día tras día, semana tras semana, mes tras mes y año tras año. Hay varios aspectos que deben ser considerados a nivel diario o global. El presupuesto de la oficina, la gestión del inventario, los asientos y el diseño, la incorporación de nuevos empleados, el mantenimiento de registros y otras tareas pueden estar en la lista de tareas pendientes de un gerente de oficina.

Aquí hay algunas sugerencias de administración de la oficina para que todo funcione sin problemas si desea administrar una oficina de manera efectiva y mejorar sus habilidades de liderazgo y administración.

**Los deberes típicos para un puesto de gerente de oficina incluyen:**

El uso de tecnología y software para maximizar la eficiencia de las operaciones de la oficina.

- Administrar sistemas de archivo fuera de línea y en línea.

- Crear y mantener los presupuestos del lugar de trabajo.

- Mantener el equipo de oficina en buenas condiciones y hacer las reparaciones necesarias.

- Si el personal de recepción está ausente o enfermo, solicite ayuda adicional.

- Responder a las preguntas y quejas de los clientes.

- Investigue la seguridad en el lugar de trabajo y realice las actualizaciones necesarias.

## Una nueva definición de gestión de oficinas

El papel de un gerente de oficina hoy en día es más complicado y dinámico que nunca debido a la tecnología cambiante, las estructuras comerciales y las condiciones generales de trabajo.

Los gerentes del lugar de trabajo en muchas organizaciones aún supervisan un espacio de trabajo físico fijo donde un equipo central de empleados trabaja durante el horario comercial normal. Sin embargo, el trabajo y las personas que supervisan muchos gerentes de oficina se distribuyen en múltiples ubicaciones, zonas horarias y diferentes tipos de trabajos (especialmente aquellos que trabajan para empresas de tecnología).

Como resultado, su trabajo como gerente de oficina crecerá a un ritmo increíblemente rápido. Debido a estos rápidos cambios, también hay nuevos recursos, nuevas herramientas y nuevos obstáculos que superar. Las habilidades que necesitará para tener éxito en su carrera y las responsabilidades que se le asignarán sin duda serán diferentes, aunque el título del trabajo puede no serlo.

En este artículo, discutimos algunos de los cambios que debe esperar durante su carrera como gerente de oficina, así como algunos de los desafíos que probablemente enfrentará regularmente. Además, no importa cómo sea su "trabajo", hablamos sobre la innegable importancia de su puesto y le brindamos los recursos y el aliento que necesita para marcar la diferencia.

## ¿Qué es un gerente de oficina?

Cuando hablamos de administración de oficinas, en realidad se trata de lo que hace que una oficina sea productiva. Todos los gerentes de oficina son responsables de planificar, coordinar y regular las operaciones de la oficina, mientras vigilan la supervisión del gobierno, las regulaciones laborales y la satisfacción de los empleados. Los gerentes de oficina tienen una variedad de deberes según las necesidades de su organización.

Los puestos de administración de oficina pueden variar según la industria, pero las responsabilidades básicas de estos gerentes suelen ser relativamente similares. Los gerentes de oficina a veces tienen el poder de contratar, despedir, capacitar y promover al personal. Además, velan por el buen funcionamiento de las funciones administrativas de una empresa, aseguran la disponibilidad del equipamiento necesario y comprueban el buen estado de los equipos de oficina.

## Haz de tu oficina un lugar positivo para trabajar

La capacidad y motivación de sus empleados para hacer un buen trabajo está determinada por el entorno físico en el que trabajan. Nuestro entorno tiene un gran impacto en nosotros como seres humanos. Llenamos nuestros hogares de recuerdos y artefactos que nos inspiran o nos hacen sentir bien. Para sentirnos "en casa", decoramos nuestros autos y nuestros ambientes de trabajo.

También se realizan esfuerzos similares en sitios comerciales para mantener un cierto ambiente. Mientras que los estadios y las salas de música están diseñados para ser visualmente estimulantes, los hoteles y spas están diseñados para promover la comodidad y la tranquilidad. Si bien los restaurantes pueden ser oscuros, románticos, juveniles o acogedores, las instalaciones médicas son impecables y contemporáneas.

Sin embargo, la estética por sí sola no es suficiente para transmitir el propósito o el estado de ánimo de un entorno. También es importante considerar cómo las personas interactúan entre sí, la organización y configuración del espacio, el desempeño de los individuos y el respeto por la atmósfera. El mal servicio al cliente de los empleados del hotel no puede enmascararse con atractivas obras de arte en las paredes. Si las mesas están sucias o el comedor está abarrotado y abarrotado, los comensales no apreciarán el intento de un restaurante de crear un ambiente cálido y tranquilo. El medio ambiente importa.

**Aprender técnicas de oficina.**

A veces denominados personal de oficina, coordinadores y/o gerentes de operaciones de oficina, estas personas suelen ser las primeras en ser contactadas por cualquier persona dentro o fuera de la organización. Tus tareas son variadas y van desde apoyar la integración de nuevos empleados hasta promover un ambiente de trabajo saludable, pasando por trabajar como asistente ejecutivo.

Como resultado, la carga de trabajo de un gerente de oficina aumenta rápidamente. No solo debe mantener la utilidad y la adaptabilidad del espacio de la oficina, sino que también debe administrar las acciones de los empleados, los viajes, los plazos y una larga lista de otras cosas. Hay muchas expectativas de un puesto de gerente de oficina, y muchos empleados tienen ideas diferentes sobre lo que realmente debería hacer este gerente.

Ser gerente de oficina es increíblemente gratificante porque puedes superar las expectativas de otras personas. Puede asumir la responsabilidad personal por el éxito de una organización y sus empleados y hacer una contribución significativa a su éxito.

Si bien muchas de estas ubicaciones están diseñadas para centrarse en el cliente, el lugar de trabajo también debe considerar las preferencias y necesidades de los empleados. Debido a su comodidad y satisfacción, es más probable que los empleados trabajen de manera eficiente y brinden un servicio de calidad, lo que sus clientes apreciarán. Tres cambios clave que puede realizar en el entorno de trabajo mejorarán el rendimiento y la felicidad de los empleados.

## ¿Qué es crucial en la gestión de la oficina?

La administración de la oficina es esencial porque puede aumentar la productividad de sus empleados, ayudarlo a hacer un mejor uso de su tiempo y aumentar la calidad del trabajo realizado por su empresa. Puede mejorar sus habilidades administrativas, fomentar un ambiente de trabajo positivo y aumentar la moral de los empleados al adoptar ideas y prácticas efectivas de administración de oficina.

**Prepara el área.**

Organizar su espacio de trabajo puede aumentar la productividad del equipo y promover un ambiente de trabajo productivo. Hay varias formas de configurar su espacio de trabajo, que incluyen:

- Establecimiento de áreas de trabajo designadas para el personal.
- Procedimientos de registro de empresas actualizados
- Colocación de etiquetas en compartimentos, cajones y baldas
- Clasifique los materiales del proyecto en cajas de almacenamiento y carpetas después de la finalización
- Anote los suministros que necesita reabastecer, p. B. Grapadora y tinta de impresora.

Si está tratando de crear un ambiente de trabajo positivo, limpiar el espacio de su oficina también puede ser muy útil. Considere crear un plan que le recuerde a usted y a su equipo limpiar áreas específicas del espacio de trabajo durante la jornada laboral. Por ejemplo, puede desempolvar y limpiar la sala de descanso el lunes y reorganizar y clasificar el correo el jueves. Mantener un espacio de trabajo limpio puede aumentar la productividad de los empleados y reducir las distracciones.

**En lugar de reaccionar, prepárate.**

El día fluirá mejor si te tomas el tiempo para prepararte en lugar de reaccionar espontáneamente a las situaciones a medida que surjan. Hacer planes para el día siguiente puede ayudarlo a priorizar sus actividades y reducir parte del estrés y la incertidumbre que conlleva la vida cotidiana.

## Mantener registros actualizados

Mantener los documentos comerciales actualizados puede ser una parte importante del funcionamiento de su oficina. Su oficina puede ahorrar tiempo y ayudar a su equipo a trabajar de manera más eficiente haciendo un seguimiento de la información de contacto del cliente, actualizando la información de pago y notando cuándo sus representantes ya se han puesto en contacto con los clientes.

Por ejemplo, un representante de ventas podría beneficiarse al anotar la información de contacto de un nuevo cliente y la naturaleza de la interacción , y determinar si su equipo debe contactar al cliente nuevamente en el futuro. El vendedor puede guardar los detalles para que otro empleado no tenga que devolver la llamada al mismo cliente si el chat salió bien y el cliente ya está considerando comprar en su empresa.

**Ser el empleado más organizado de la empresa.**

Las habilidades organizativas y de gestión del tiempo están en la parte superior de la lista por una razón. Va más allá del simple desarrollo de un nuevo sistema de archivos. Un gerente de oficina debe conocer no solo el suyo propio, sino también el horario de todos los involucrados. El puesto requiere equilibrar las operaciones diarias con las estrategias a largo plazo de la empresa, los proveedores externos y los empleados. Si hay una falta de habilidades organizativas, el trabajo se acumula rápidamente.

**Cree un método de clasificación que funcione para usted.**

Aunque la mayoría de los depósitos ahora se realizan digitalmente, aún debe realizar un seguimiento de lo que se almacena y dónde. Si el sistema web es confuso, diseñe e implemente un mejor sistema de archivo. Para asegurarse de que todos envíen correctamente, asegúrese de que otros también conozcan el método.

**Crear canales de comunicación abiertos.**

Sus colegas seguramente acudirán a usted como gerente de oficina con una amplia variedad de demandas, solicitudes o solicitudes. Debe establecer canales de comunicación efectivos para recibir y procesar estas solicitudes rápidamente.

Mantenga su bandeja de entrada limpia y organizada. Ignorar los correos electrónicos o dejar cosas incompletas puede provocar una gran desorganización y la pérdida de correos electrónicos. Siempre trate de mantener su bandeja de entrada lo más ordenada posible. Explique claramente a sus empleados cómo pueden hacerle preguntas o sugerencias. Por supuesto, una simple pregunta como "¿Dónde están los bolígrafos extra?" se puede hacer en persona, pero las solicitudes más grandes siempre deben hacerse por escrito. Esto crea un archivo y asegura que no se olvide nada. Establezca reglas sobre cómo se le puede contactar en el trabajo, ya sea que prefiera Slack, correo electrónico u otro canal para comunicarse con sus compañeros de trabajo.

Es posible que deba tomarse un tiempo para dejar de responder a las solicitudes de sus colegas mientras nos comunicamos. Concéntrese en su trabajo importante y luego ocúpese de todas las nuevas solicitudes. Explique claramente sus deberes y posición cuando alguien haga una solicitud que no pueda cumplir de inmediato o en absoluto. Puede rechazar o darle a otra persona el trabajo si no es su responsabilidad.

### Lograr una estética adecuada

Hay muchas maneras de influir en el aspecto de su espacio de trabajo, aunque es posible que las opciones de diseño no dependan totalmente de usted. Crear un lugar de trabajo donde todos se sientan cómodos es un arte, ya sea colocar flores frescas en la recepción o pedir que cambien las luces parpadeantes, o acciones mundanas como restaurar las salas de reuniones a un estado impecable y colgar obras de arte en las paredes. Déjese inspirar por la reputación de su empresa y el tipo de trabajo realizado por sus empleados.

Si tu marca es peculiar, disruptiva y haces mucho trabajo creativo, usa colores más atrevidos, una decoración moderna y detalles inspiradores. Si su espacio de trabajo es tranquilo y tiene un trabajo laborioso y contemplativo, considere un enfoque minimalista con tonos suaves y menos distracciones visuales.

## habilidades de planificación

Los gerentes de oficina deben ser buenos planificadores por naturaleza. Sus tareas de planificación incluirán todo, desde la organización de reuniones de oficina hasta la asignación de tareas. Desde la planificación de operaciones comerciales a largo plazo hasta la realización eficiente de tareas diarias, la planificación organizada es una habilidad esencial que todo gran gerente de oficina debe tener.

## habilidad para administrar

El conocimiento administrativo debe ser un hecho para un gerente de oficina. Lo más probable es que haya ocupado puestos administrativos antes de convertirse en gerente de oficina.

En estos roles, habrá desarrollado un nivel básico de habilidades administrativas y continuará haciéndolo a medida que se adapte a su nuevo trabajo como gerente de oficina. Será responsable de mantener y desarrollar la cultura corporativa, así como otras responsabilidades de las personas, incluida la evaluación del desempeño de los empleados. Además, será responsable de diversas actividades administrativas dentro de la organización.

## Potencial de liderazgo

La habilidad más importante que necesita un gerente es el liderazgo; Algunas personas lo tienen naturalmente , otras no. O conduces ciegamente a tu equipo y a ti mismo al desastre, o puedes ser un líder excelente.

Hay muchas formas y tamaños de liderazgo. En una empresa de viajes corporativos como Travel Perk, puede ser responsable de administrar el trabajo de más de 100 empleados o trabajar en un pequeño equipo de seis. Es importante asumir la responsabilidad de todos los que trabajan para usted, independientemente del número de empleados.

**Delegación efectiva de tareas.**
Es importante delegar. Cuando se trata de la asignación de tareas , muchos gerentes tienden a delegar la mayor parte en ellos mismos, o especialmente en uno o dos

empleados, lo que es injusto para ellos y para el resto del equipo de la oficina.

La clave es priorizar lo que se necesita hacer y luego ceder el control. Hay un problema si no puedes alcanzarlo. El trabajo del gerente puede estar sobrecargado y es posible que no pueda trabajar de manera efectiva en otras áreas si no puede distribuir el trabajo.

**Planifica tu semana.**
Puede administrar su tiempo de manera más eficiente y priorizar sus tareas creando un horario semanal. Vea sus próximas citas, reuniones y otras tareas importantes y clasifíquelas por importancia al comienzo de cada

semana. Al ordenar, utilice las siguientes categorías:

- Las actividades fijas se definen como cualquier reunión o evaluación de empleados con una fecha fija. A menudo, ya tiene estas tareas frente a usted, lo que le impide modificarlas. Vale la pena hacer todas sus tareas estacionarias primero y luego distribuir el resto de su carga de trabajo alrededor de ellas.

- Máxima prioridad: las tareas que deben completarse lo antes posible, generalmente al final de la semana o en días específicos de la semana siguiente, se consideran de alta prioridad. Si ordena estas tareas por sus fechas de vencimiento, es posible que pueda completarlas en orden de importancia.

- Flexible: las últimas tareas que agrega a su calendario suelen ser actividades flexibles. A menudo , estas son tareas que no necesita completar para el final de la semana, pero que pueden ayudarlo con un proyecto o tarea que tiene una fecha límite. Considere posponer sus actividades flexibles planificadas para la próxima semana si no puede incluirlas todas en esta semana, ya que es posible que tenga más tiempo para completarlas.

## Conviértete en un maestro de la comunicación

Para tener éxito en un puesto de gerente de oficina, debe tener fuertes habilidades de comunicación. Ayuda a dar instrucciones precisas, a resolver problemas y a evitar errores. Uno de los pocos puestos en una empresa que tiene contacto con todos, desde nuevos empleados hasta ejecutivos de nivel C, es el de gerente de oficina. Asegúrese de tener fuertes habilidades de comunicación, ya que esto hará que el trabajo sea mucho más fácil.

Sea creativo al resolver problemas

La profundidad de la experiencia en la industria que un gerente de oficina desarrolla con el tiempo es inigualable. Son fundamentales para la capacidad de una organización para superar los momentos más difíciles y se basan en sólidas habilidades para resolver problemas. Cuanto más tiempo pase en el puesto, más ayuda buscará para resolver problemas difíciles de personal.

Sin embargo, la resolución de problemas no se detiene ahí. A un gerente de oficina a menudo se le asigna la tarea de implementar un plan sin los recursos financieros para hacerlo. El requisito previo para el puesto es su capacidad para utilizar sus recursos de forma creativa y avanzar a pesar de los obstáculos.

## mantener el rendimiento

¿De qué sirve un trabajo si no se hace ningún trabajo? La idea de que el entorno en el que trabajan las personas debe ser claro, libre de distracciones y quizás lo opuesto al compromiso, prevaleció hace décadas. Los trabajadores tuvieron que permanecer en sus áreas designadas y fueron aislados. Afortunadamente, las cosas han cambiado. Según la investigación, los empleados trabajan de manera más efectiva en entornos adecuados para el tipo de trabajo realizado. Se debe dar igual importancia a la creación de espacios donde los trabajadores puedan concentrarse, congregarse o tomar merecidos descansos.

## capacidad de análisis

Es una buena idea para mejorar tus habilidades analíticas en cualquier nivel profesional. Para ayudar a que su negocio prospere, como gerente en una oficina, debe poder detectar ineficiencias y tomar medidas para abordarlas.

## Conocimiento de la computadora

Para un gerente de oficina, las habilidades informáticas sólidas y útiles no solo son buenas, sino necesarias. Debe tener suficiente conocimiento para realizar de manera fácil, precisa y eficiente las actividades de TI diarias, incluida la entrada de datos, la preparación de hojas y el formato de presentación. Es probable que utilice software de comunicaciones, videoconferencias y generación de informes de gastos a diario.

## tomar decisiones rápidamente

¿Eres capaz de tomar decisiones rápidas en el acto? Como gerente de oficina, hay varias situaciones en las que puede ser necesaria una respuesta rápida. Por ejemplo, es posible que deba coordinar con la empresa de transporte cuyo horario incluye varios artículos grandes que deben retirarse de la recepción, o puede que necesite organizar un diseño de oficina de última hora para un evento en el interior.

Hay decisiones que tomar y estas pueden resultar de circunstancias imprevistas que acaban de ocurrir. Ser capaz de tomar decisiones rápidas puede ser útil para un gerente de oficina, especialmente en un entorno ajetreado.

## adaptabilidad a los demás

Como gerente de oficina, es probable que tenga una lista interminable de tareas pendientes. Incluso si está ahí, aún necesita poder ofrecer cierta flexibilidad. Hay pedidos que deben completarse en una fecha determinada y otros que llegan a última hora y arruinan tus planes.

Trata siempre de ser flexible siempre que puedas y trata de tomar cada día como viene. Debido a que las cosas no siempre salen según lo planeado, es aconsejable adaptarse mientras pueda.

## asignar tareas

Delegar tareas a compañeros de trabajo y otras personas puede mejorar la eficiencia y la productividad de su oficina y, al mismo tiempo, ayudarlo a cumplir plazos importantes. Considere dividir un proyecto grande en componentes más pequeños y delegarlos a diferentes miembros del equipo si, por ejemplo, necesita hacerlo rápidamente. Puedes hacer todas estas pequeñas tareas al mismo tiempo. Cuando haya terminado, puede recopilar el trabajo y los datos en un solo documento o informe cohesivo.

## Comunicante y accesible

Una parte esencial del trabajo del gerente de oficina es la comunicación. Eventualmente, constituirán una de las principales superficies visuales e interiores del edificio. Es importante tener un carácter amistoso.

No importa quiénes sean, todos deben poder acercarse al gerente del lugar de trabajo sin sentirse intimidados o parecer molestos. Debido a la gran variedad de tipos de personalidad, diferencias, antecedentes y, lo que es más importante, antigüedad, ser una persona sociable es, literalmente, una ventaja.

## Crear rutinas

En un entorno de oficina, el establecimiento de rutinas puede ayudar a administrar los flujos de trabajo, desarrollar métodos para manejar la información del cliente y responder a situaciones específicas. Puede ser beneficioso para un individuo o miembro del equipo tener una persona designada a la que recurrir si necesita trabajo adicional después de completar sus deberes o tareas. Puede ayudar a desarrollar un flujo de trabajo autodirigido que permita que un equipo trabaje de manera constante durante todo el día mientras libera tiempo para concentrarse en sus propias tareas y proyectos al asignar esa tarea a otro miembro del equipo.

También es importante tener rutinas para poder realizar el trabajo y cumplir los plazos, incluso en situaciones como el cierre del edificio de oficinas o la caída de la red de la empresa. Las rutinas sólidas y establecidas lo ayudarán a resolver cualquier problema o desacuerdo en el lugar de trabajo, ya sea que se trate de hacer una copia de seguridad de los discos duros de la oficina o tener un marco establecido para poder trabajar de forma remota si es necesario.

**ser comprensivo**

Cada gerente de oficina debe ser capaz de comprender y empatizar con cada miembro del equipo. Un gerente de oficina suele ser el portavoz de la gran mayoría de los trabajadores, ya que es una parte integral del equipo y conoce íntimamente las condiciones de trabajo de todos. Para asegurarse de que todos sean escuchados y comprendidos, debe poder liderar con encanto y empatía.

Un gerente de oficina suele ser miembro de comités para iniciativas de salud o de caridad. Debe ser capaz de liderar iniciativas que requieran empatía, combinar una perspectiva empresarial con compasión y equilibrar las expectativas y la realidad.

## ¡Intenta limitar las interrupciones!

Como gerente de oficina, seguramente tendrá que lidiar con una gran cantidad de solicitudes al mismo tiempo mientras intenta cumplir con sus obligaciones diarias. Un horario puede ayudarlo a administrar su tiempo y reducir las interrupciones porque puede ser más receptivo en momentos específicos cuando puede brindarles toda su atención. Asegúrese de usar los momentos en los que crea que será más tranquilo. Cierra la puerta, pon tu teléfono en silencio y mantente enfocado.

## Mantén el ambiente

Más allá de la apariencia, el espíritu de su lugar de trabajo está determinado por la forma en que las personas interactúan entre sí, las actitudes y perspectivas de su equipo y la importancia de los principios rectores como el respeto, la confianza y la innovación. ¿Qué idioma usan sus empleados cuando conversan? ¿ Qué emociones y sentimientos muestra la mayoría de las personas en el trabajo? ¿Es silencioso o ruidoso? ¿Es activo e innovador o estrictamente regulado y cauteloso? ¿Estos factores ayudan o dificultan su negocio?

Una vez que se ha tenido en cuenta su entorno, debe encargarse de las tareas adicionales de administración de escritorio. Con una orden de trabajo o un sistema de emisión de boletos, puede ser responsable de administrar el personal de soporte técnico, los equipos de seguridad o el personal de mantenimiento tanto dentro como fuera. Además, es posible que deba coordinar el mantenimiento del sistema con el propietario o el administrador de la propiedad, realizar pedidos de nuevos equipos y realizar un seguimiento de su inventario de hardware. Aunque hay muchos detalles, una cosa siempre es la misma: administrar una oficina requiere una supervisión regular y una acción rápida.

## ¿Quieres ver el desarrollo profesional del equipo?

Si bien es admirable estar motivado en la carrera de uno, es crucial que los gerentes también estén atentos a las carreras de sus equipos. Es crucial sentir pasión por apoyar a los miembros de su equipo en su propio recorrido profesional, ya sea que permanezcan en la empresa, asuman un nuevo rol dentro de la organización o se trasladen a otra empresa.

Cuando las personas lo ven como un jefe que se preocupa por su desarrollo, puede ser muy gratificante en el trabajo.

## ¿Es su lugar de trabajo realmente seguro?

Es prudente proteger su edificio de intrusos o amenazas externas, ya sea a través de una entrada con llave o un sistema de seguridad activo. Sus deberes pueden incluir liderar equipos de seguridad, monitorear cámaras de seguridad o entregar llaves a nuevos empleados. También es fundamental que el mobiliario y la maquinaria de su lugar de trabajo se puedan utilizar de forma segura. Asegúrese de haber pensado en todas las posibles amenazas a sus instalaciones y campus y tenga una estrategia para mitigarlas.

## Versado en tecnología de procesamiento

Comprender cómo funciona la tecnología es beneficioso. Puede tener problemas si no está familiarizado con algunos de los programadores básicos, incluidos Microsoft Office y Excel. Es importante que los gerentes conozcan la tecnología y sepan usar las plataformas en línea.

Es una habilidad que se puede aprender, pero si aún no sabe cómo usar las herramientas o el software, probablemente necesitará algo de práctica.

## analíticamente

Una de las tareas de un gerente es encontrar métodos más eficientes para hacer frente a las tareas que tiene entre manos. Es importante identificar las áreas de su trabajo en las que podría estar fallando su desempeño y cómo abordarlas.

Al administrar un entorno de oficina, un ojo analítico es una habilidad útil. Podría ayudar a su empresa a ahorrar dinero y brindar un mejor servicio a los consumidores y clientes.

Si te estás preguntando, "¿Cómo se podría mejorar esto? o "¿Qué se puede hacer para que esto sea más efectivo?" estás casi a mitad de camino. Es una buena idea incluir palabras de moda analíticas en su currículum cuando solicite un puesto de este tipo. Los términos "resolución de problemas", "pensador crítico" y "optimización" son excelentes opciones.

## Fomentar un mayor aprendizaje y crecimiento.

La moral y la productividad se pueden aumentar animando a los miembros del equipo a crecer y ofreciéndoles más oportunidades de formación. Los empleados pueden trabajar de manera más eficiente y lograr resultados de mayor calidad cuando tienen la oportunidad de desarrollar sus conocimientos y habilidades profesionales.

Además, puede ponerlos en una mejor posición para la promoción desde dentro. Por ejemplo, si le está dando a un asistente de marketing un trabajo que requiere que use un software con el que no está familiarizado, considere proporcionar tutoriales o hacer que un empleado con más experiencia le enseñe cómo usar el programa. Luego puede terminar el trabajo más rápido y reutilizar el programa para tareas futuras.

**Aquí hay algunos consejos útiles para seguir adelante.**